Testi e fotografie a cura di Cinzia Gullà

Tutti i diritti riservati

Prima edizione: Dicembre 2023

Questa opera è pubblicata dall'autore e l'autore detiene ogni diritto della stessa in maniera esclusiva. Nessuna parte di questo volume può essere riprodotta, memorizzata o trasmessa in alcuna forma e con alcun mezzo, elettronico, meccanico, in fotocopia, in disco o in altro modo, compresi cinema, radio, televisione, senza autorizzazione scritta dell'Autore

*Cinzia Gullà*

*Tutti a tavola con Cinzia*

# Antipasti con la pasta sfoglia

**Al mio papà Raffaele
ed alla mia mamma Virginia**
grazie a loro ho imparato che il cibo è amore, cultura e convivialità

**A mio marito Pino
e mia figlia Martina**
'vittime' dei miei quotidiani esperimenti in cucina

# Sommario

**10** Introduzione

**11** La pasta sfoglia fatta in casa

**23** Antipasti

**65** Speciale torte rustiche

**77** Speciale feste

**89** Speciale dolci

**101** Ringraziamenti

**102** Indice delle ricette

# Cinzia Gullà

Ciao!
*Io sono Cinzia, food blogger e content creator*
all'inizio per passione e poi come lavoro a tempo pieno, dato che curo il mio blog Tutti a tavola con Cinzia ormai da più di 10 anni.

*Il mio motto?* "Cucinare è un atto d'amore"
Fin da piccola mi sono messa ai fornelli per dare una mano a mia mamma Virginia con l'aiuto amorevole di mia nonna Raffaela, calabrese nell'anima e nelle tradizioni, di cui tramando tante ricette ma soprattutto tanti trucchi per rendere semplice la vita ai fornelli.

*Sono sportivissima ed amo cucinare*
Nel quotidiano cerco di coniugare la cucina con l'amore per lo sport e la vita sana e tutto questo si ritrova in tante delle mie ricette e negli ingredienti che uso quotidianamente, meglio se stagionali ed a Km zero, anche nei piatti più elaborati.

*Amo fotografare il cibo*
La grande passione che mi accompagna nel blog è la food photography quindi la creazione di ogni mio piatto parte dalla carta, passa per la cucina e finisce sul set fotografico e nella cura dei dettagli quando sviluppo le foto.

**Questo ricettario nasce con l'dea di diventare un fedele compagno, sempre a portata di mano in cucina senza un posto nella libreria ma piuttosto vicino ai fornelli**

*Mi puoi trovare su tutti i social che aggiorno quotidianamente da Instagram a Tik Tok, da Facebook a Twitter e Pinterest e sul mio sito*
**Tutti a tavola con Cinzia**

# Introduzione

In questo mio primo libro di ricette ho voluto raccogliere tutti gli antipasti che ho realizzato nei miei anni di lavoro usando, uno degli ingredienti più versatili della cucina secondo me: **la pasta sfoglia**.
Ti basta un rotolo di questa meravigliosa preparazione per liberare la fantasia e realizzare piatti per ogni occasione e per tutti i gusti.
Dagli sfiziosi finger food alle torte rustiche, dalle quiche alle trecce, dagli alberi di Natale alle Colombe per le feste e chi più ne ha più ne metta.

Nella **prima parte** del libro troverai la ricetta della pasta sfoglia.
I trucchi per cucinarla al meglio e un piccolo suggerimento per usare i ritagli e gli avanzi delle tue preparazioni.
Ho scelto di proporre la ricetta della *pasta sfoglia olandese* per insegnarti a realizzarla con le tue mani. Questa versione la trovo facilissima ed alla portata anche di chi ha poca confidenza con burro e farina.
Il suo sapore ti stupirà ancora di più, se sceglierai di usare un burro di alta qualità che la renderà unica.

Nella **seconda parte** del libro entriamo nel vivo con gli antipasti, troverai ricette con carne, pesce e verdure; perfette da portare a tavola nei giorni di festa, per aprire pranzi e cene ma anche quando vuoi qualcosa di sfizioso da mangiare.
Una selezione di ricette tra cui spulciare per cucinare con fantasia.

La **terza** e la **quarta parte** le *ho volute regalare a te* che hai acquistato il mio libro: *ricette speciali per le feste* e *ricette dolci* con la pasta sfoglia.

*...ed ora andiamo a cucinare e poi Tutti a tavola con Cinzia!*

# La pasta sfoglia

*La ricetta per farla in casa
ed i segreti
per la cottura*

# Pasta sfoglia fatta in casa

La pasta sfoglia fatta in casa può avere tante insidie ed essere difficile da realizzare per questo ho scelto di proporre la
*pasta sfoglia olandese*
una ricetta davvero facile che da oggi potrai fare a casa tua con grandi soddisfazioni seguendo il passo passo fotografico
e le spiegazioni che ti darò.
*Il risultato è una sfoglia neutra perfetta per preparazioni dolci e salate.*

Gli ingredienti devono essere ben freddi per la perfetta riuscita della ricetta quindi taglia 250 g di burro già freddo a dadini e metti 175 ml acqua presa dal frigo in un bicchiere poi lasciali in congelatore per 15 minuti prima di iniziare ad impastare.

## Ingredienti

- 300 g di farina 0
- 250 g di burro freddo a cubetti
- 6 g di sale
- 175 ml di acqua ghiacciata

15 Minuti

1 ora e mezzo di riposo durante la preparazione
8 ore di riposo dopo averla preparata

**Prima fase**

Setaccia in una ciotola 300 g di farina 0, aggiungi il burro a dadini e mescola con le mani per far infarinare i dadi di burro senza schiacciare con le dita.

Sciogli 6 g di sale in 175 ml di acqua ghiacciata e versali nella ciotola, mescola con il cucchiaio per far assorbire l'acqua alla farina senza schiacciare il burro è importante che i dadini restino interi mentre si forma l'impasto di acqua e farina.

Spostati sul piano da lavoro quando sarà stata assorbita l'acqua e senza schiacciare lavora velocemente il panetto dandogli una forma rettangolare.

L'aspetto sarà poco omogeneo ma non preoccuparti deve essere così. Avvolgi nella pellicola e sposta in frigo per un riposo di 30 minuti.

## Seconda fase

Infarina il piano da lavoro e poggia la sfoglia appena presa dal frigo, schiacciala gentilmente con il mattarello poi allargala a rettangolo sempre nella stessa direzione e ripiega le due metà facendole combaciare al centro.

Il taglio deve essere rivolto verso di te, in questa posizione schiaccia delicatamente poi stendi con il matterello.

Procediamo con la prima vera **piega a 3** perchè otterrai 3 strati sovrapposti: piega un lembo portandolo al centro del rettangolo e ripiega l'altro lembo poggiandolo sul primo.

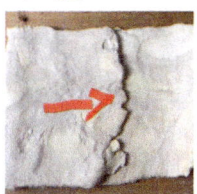 

Ruota la sfoglia in modo tale da mettere i 3 lembi sovrapposti verso di te poi schiaccia di nuovo e stendi fino a portarla ad un'altezza di 1 cm, infarina se necessario.

Passiamo subito alla piega a 4, vedrai i dadini di burro lentamente scomparire dall' impasto ed amalgamarsi man mano che facciamo le pieghe. Ripiega un lembo di impasto a 2/3 poi l'altro a coprire 1/3 rimanente facendo combaciare i bordi poi chiudi a libro, otterrai 4 strati.

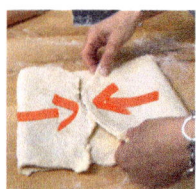 

Chiudi la pasta sfoglia nella pellicola da cucina e lascia riposare in frigorifero per 1 ora.

**Terza ed ultima fase**
Spolvera il piano da lavoro con della farina e poggia la sfoglia appena tolta dal frigo con i 4 lembi verso di te poi stendi fino a dare lo spessore di 1 cm.
fai una **piega a 3** portando un lembo a metà e sovrapponendo l'altro per ottenere 3 strati.

Senza riposo e direttamente adesso facciamo una piega a 4, stendi la sfoglia tenendo i lembi verso di te e portala ad 1 cm di spessore poi ripiega un lembo sui 2/3 dell'impasto e porta l'altro lembo sul terzo rimanente infine chiudi a libro, otterrai 4 strati sovrapposti.

Il burro a questo punto si sarà completamente amalgamato nella pasta sfoglia che vedrai liscia ed omogenea e gli strati saranno perfetti.

La pasta sfoglia all'olandese è pronta, avvolgila nella pellicola da cucina e lasciala riposare 8 ore nel frigorifero.
Trascorso il tempo di riposo stendila dello spessore che ti serve e farciscila come seguendo una delle ricette che troverai in questo libro...buon appetito!!!

# Come cuocere la pasta sfoglia

Ecco il metodo per cuocere al meglio la pasta sfoglia ed averla sempre alta e fragrante, è davvero facile ed alla portata di tutti. Il segreto è il freddo…vediamo come fare!

Per cuocere la pasta sfoglia quando vuoi preparare dei **rustici salati o dolci** che siano belli alti e fragranti il segreto è il freddo.

Devi sempre cercare di usare la pasta sfoglia ben fredda appena presa dal frigo e lavorarla velocemente per non scaldarla perchè lo shock termico che avverrà mettendola in forno caldo aiuterà la sfoglia ad alzarsi ed a dare il meglio di sè in cottura.

- Per quelle preparazioni che **non hanno** ingredienti liquidi come ad esempio i cornetti salati, dopo aver preparato i pezzi mettili sopra un foglio di carta forno e lasciali riposare in frigorifero per 30 minuti o anche in congelatore per 15 minuti.

Accendi il forno a 180-200°C in base alla ricetta e quando sarà in temperatura tirali fuori dal frigo, spennella velocemente con tuorlo d'uovo ed inforna direttamente.

- Per quelle ricette che invece **hanno** parti umide come ad esempio le torte rustiche oppure una quiche allora cerca di lavorare la sfoglia velocemente ed infornare appena farcita.

Stendi la pasta sfoglia e fodera la teglia che userai poi bucherella la superficie e metti la farcitura, inforna subito per non farla inumidire.

- Per fare la base della **millefoglie** la tua sfoglia dovrà rimanere invece bassa allora stendila fino ad uno spessore di 2 mm, bucherella la superficie, cospargi con zucchero a velo ed inforna a 200 °C per 10 minuti.

# Come tagliare la sfoglia rettangolare per ottenere cornetti perfetti

Ecco un metodo facilissimo per ottenere 16 cornetti perfetti da un rotolo di pasta sfoglia rettangolare...da oggi non sbagli più!

## Ingredienti

- 1 rotolo di Pasta Sfoglia rettangolare

*Usa una rotella tagliapasta oppure un coltello a lama liscia*

1. Distendi la sfoglia e tagliala a metà per la lunghezza poi sulla linea di divisione individua tre punti equidistanti tra loro.
2. Taglia la sfoglia perpendicolarmente al primo taglio passando per i tre punti avrai ottenuto adesso otto piccoli rettangoli.
3. Ricava 2 tagli V nella parte superiore e 2 tagli V capovolte nella parte inferiore se ti viene più semplice puoi fare 2 grandi X da sopra a sotto
4. Ecco ricavati 16 piccoli triangoli che diventeranno i tuoi cornetti una volta arrotolati e farciti.

Ed ora ti aspetto nella sezione ricette dove troverai sia i cornetti salati che dolci.

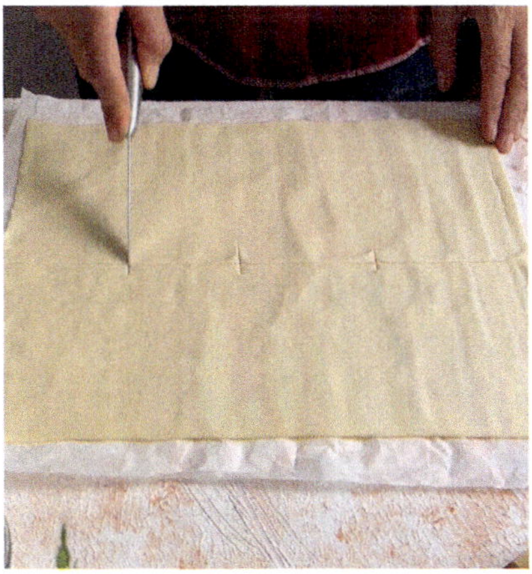

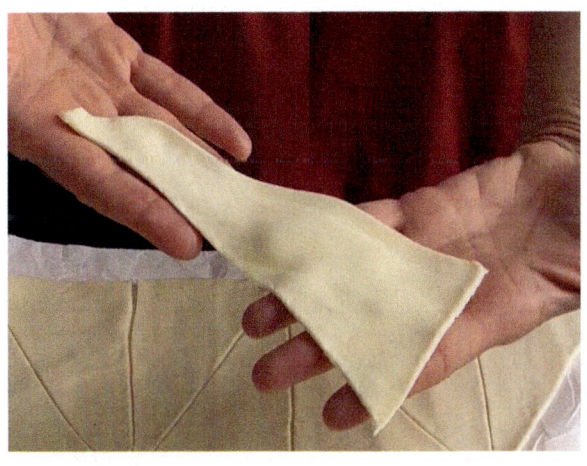

# Cosa fare con i ritaglie le rimanenze di pasta sfoglia

Quante volte tagliamo la pasta sfoglia per le ricette e facciamo forme o semplicemente ritagliamo i bordi?
Di solito ne resta un pò quà ed un pò là di forma varia che non si può usare, allora ecco l'idea facile facile che ci consente di usarla senza sprechi per fare dei dolcini sfiziosi in casa.

## Ingredienti

- Ritagli di pasta sfoglia di varie forme e dimensioni
- 1 tuorlo d'uovo
- Zucchero semolato

2 Minuti

10 Minuti

1. Taglia gli avanzi a pezzetti piccoli di varie forme. Io avevo ricavato dei cerchi per fare degli antipasti quindi mi ritrovo dei pezzetti quasi a rombo.
2. Avvolgi ogni parte in piccoli fiocchetti come fossero delle girandole.
3. Spennella con del tuorlo d'uovo e cospargi con zucchero semolato poi inforna a 200 °C per 10 minuti.
4. Trascorso il tempo tira fuori le sfogliette dolci e lasciale raffreddare per bene, a piacere cospargi con un pò di zucchero a velo quando sono calde per renderle ancora un pò più dolci.
5. Le sfgliatelle dolci sono pronte...buon dolcino!!!

# Antipasti

*Ricette con carne, pesce e verdure*

# Bauletti al pomodoro e pesto

Uno sfizioso antipasto, per arricchire un buffet, un aperitivo o da mangiare sul divano guardando il tuo programma preferito in tv.

## Ingredienti

- 1 rotolo di Pasta Sfoglia
- 1 pomodoro grande
- pesto di basilico
- provola a cubetti

1. Prendi un rotolo di pasta sfoglia e ricava dei rettangoli della dimensione che può accogliere una fettina di pomodoro.
2. Rialza gli angoli di ogni rettangolo, spalma del pesto e sopra sistema una fetta di pomodoro e qualche cubetto di provola in ognuno.
3. Richiudi i lembi della sfoglia al centro per creare un bauletto e spennella con del tuorlo d'uovo oppure con latte.
4. Inforna a 200 °C per 15 minuti.
5. I bauletti di sfoglia sono pronti da mangiare sia caldi appena sfornati che freddi...buon appetito!!!

15 Minuti

30 Minuti

12 bauletti

# Grissini di sfoglia

Fragranti bastoncini di pasta sfoglia che in meno di mezz'ora sono già pronti e che puoi condire a piacere con erbette.

## Ingredienti

- 1 rotolo di pasta sfoglia rettangolare
- 1 tuorlo d'uovo
- aromi per arrosto o erbette miste essiccate
- peperoncino tritato

5 Minuti

5 Minuti

12 bauletti

1. Apri un rotolo di pasta sfoglia rettangolare lasciandola direttamente sulla sua carta forno.
2. Usa uno stampo taglia bastoncini oppure una rotella tagliapasta per ricavare i grissini veloci.
3. Spingi bene lo stampo fino a tagliare la pasta sfoglia così sarà più facile staccarli dopo la cottura.
4. Spennella con un tuorlo d'uovo la pasta sfoglia.
5. Distribuisci un pò di aromi per arrosto e del peperoncino tritato a piacere oppure delle erbette miste essiccate come rosmarino, timo e prezzemolo oppure un mix di pepe nero, rosa e verde.
6. Inforna a 200 °C per un quarto d'ora circa fino a dorarli bene in superficie poi toglili dal forno e lasciali intiepidire.
7. Separali uno ad uno con delicatezza per non romperli.
8. Sistemali sopra un tagliere o in un cestino portapane per servirli in tavola.
9. I grissini di sfoglia sono pronti...buon appetito!!!

# Quadratini di pasta sfoglia

La ricetta velocissima per preparare tanti deliziosi quadratini di pasta sfoglia di vari gusti.

## Ingredienti

- 2 rotoli di pasta sfoglia rettangolare
- 120 g di formaggio fresco spalmabile
- 25 g di cipolla
- 50 g di olive denocciolate
- 20 g di patetico di olive
- 30 g di brie
- 1 tuorlo

10 Minuti

20 Minuti

49 quadratini

1. Srotola un rotolo di pasta sfoglia e sistemala con la sua carta forno direttamente sulla teglia con cui infornerai. Spalma uniformemente 120 g di formaggio fresco spalmabile.
2. Srotola la seconda pasta sfoglia e sistemala sopra la prima facendola combaciare perfettamente.
3. Taglia con un coltello ricavando sette strisce per il lato lungo e sette strisce per il lato corto, otterrai 49 quadratini di pasta sfoglia.
4. Fai i tagli usando la rotella tagliapasta oppure un coltellino ben affilato e tenendo la sfoglia con le mani per non far spostare i quadratini.
5. Con il fondo di un bicchierino oppure con la punta del matterello fai in ogni quadratino un incavo in cui metteremo il ripieno.
6. Bucherella la sfoglia usando i rebbi della forchetta e spennella poi con tuorlo d'uovo.
7. Sistema adesso il ripieno mettendo per ogni striscia un ingrediente, olive, cipolla tagliata finemente, Brie a pezzettini, patè di olive.
8. Completa con una spolverata di origano ed informa a 180 °C per 15-20 minuti.
9. Quando le sfogliate saranno ben dorate sforna e lascia raffreddare poi stacca i pezzettini.
10. I quadratini di pasta sfoglia sono pronti...buon appetito!!!

# Rose salate

In pochi minuti delle bellissime rose di pasta sfoglia da portare in tavola come antipasto o per arricchire un buffet o un tagliere di salumi e formaggi

## Ingredienti

- 1 rotolo di pasta sfoglia rettangolare
- 50 g di patè di olive nere
- 1 tuorlo d'uovo
- 1 pizzico di pepe rosa
- 1 tuorlo per spennellare

10 Minuti

20 Minuti

49 quadratini

1. Prendi un rotolo di pasta sfoglia rettangolare direttamente dal frigorifero ed aprilo. Ricava 5 strisce dal lato più corto.
2. Prendi una striscia e tagliala in tre lasciandola unita nella parte iniziale. Spalma in quella centrale del patè di olive nere.
3. Tira le due strisce vuote per allungarle leggermente poi incrociale sopra quella senza patè. Incrociale passandole sotto la parte con il patè poi incrociale di sopra e continua così fino alla fine.
4. Dopo aver intrecciato sollevala lateralmente ed arrotola sigillando alla fine.
5. Dividi la sfoglia arrotolata a metà
6. Otterrai due rose perfette.
7. Sistema le 10 rose appena ottenute sulla teglia foderata con carta forno e spennella con del tuorlo d'uovo sbattuto, spolvera con un pizzico di pepe rosa tritato ed inforna a 180°C per 15 minuti nella parte intermedia del forno.
8. Le Rose di pasta sfoglia salate sono pronte, portale in tavola sia calde appena sfornate che fredde...Buon appetito!!!

# Sfogliette spinaci e besciamella

Basta un rotolo di pasta sfoglia per preparare al volo questo antipasti a bauletto saporiti e coreografici

## Ingredienti

- 200 g di spinaci già lessati
- 5 cucchiai di besciamella
- 50 g di formaggio grattugiato
- 1 tuorlo
- 1 rotolo di pasta sfoglia rettangolare
- 

5 Minuti

15 Minuti

10 sfogliette

1. Metti in una ciotola gli spinaci già lessati e salati ed aggiungi 5 cucchiai di besciamella e 50 g di formaggio grattugiato. Mescola bene.
2. Srotola la pasta sfoglia lasciandola direttamente sulla sua carta forno e ricava 10 rettangoli. Distribuisci la farcitura su ogni rettangolo e richiudi i vertici incrociandoli al centro per ottenere i bauletti.
3. Metti i bauletti in congelatore per 15 minuti in modo da raffreddare per bene la pasta sfoglia, questo è il trucco per avere una sfogliatura perfetta in cottura, alta e fragrante.
4. Appena tolti dal congelatore spennella velocemente con il tuorlo d'uovo ed inforna direttamente a 200 °C per 15 minuti.
5. Le sfogliette spinaci e besciamella sono pronte... buon appetito!!!

# Rustici leccesi

Un appetitoso street food tutto pugliese, fatto con strati di pasta sfoglia che racchiudono besciamella, pomodoro e mozzarella.

## Ingredienti

- 2 rotoli di Pasta Sfoglia
- 40 ml di salsa di pomodoro
- 40 g di Mozzarella
- 40 g di besciamella
- 1 tuorlo d'uovo

1. Stendi i due rotoli di pasta sfoglia e ricava 16 dischi da 10 cm e 8 dischi da 8 cm di diametro.
2. Spennella i dischi con l'uovo sbattuto e sovrapponi quelli più grandi da 10 cm a due a due così.
3. Metti 1 cucchiaio di besciamella, fai un piccolo buco al centro ed aggiungi 1 cucchiaino di salsa e la mozzarella poi richiudi con i dischi più piccoli e sigilla i bordi con le dita rigirandoli per sigillarli bene e dare la forma tipica.
4. Facendo così il ripieno non fuoriuscirà in cottura.
5. Inforna il rustico pugliese a 200 °C per 15 minuti

10 Minuti

15 Minuti

8 rustici

### I miei consigli

Fai sgocciolare bene la mozzarella prima di usarla, in questo modo non bagnerà la sfoglia ed il risultato sarà perfetto.

Mettendo il sugo al centro della besciamella non fuoriuscirà in cottura.

# Salatini di pasta sfoglia

In mezz'ora con questa ricetta puoi portare in tavola i salatini misti al gusto pizza, antipasto o buffet sono perfetti anche per un apericena o una festa tra amici.

## Ingredienti

- 2 rotoli di pasta sfoglia rettangolare
- 70 g di formaggio fresco spalmabile
- 50 g di salsa di pomodoro
- 70 g di provola
- 5 olive
- 1 pizzico di origano
- 1 cucchiaino di olio extravergine d'oliva
- 1 pizzico di sale

15 Minuti

15 Minuti

88 salatini

1. Distendi un rotolo di pasta sfoglia appena preso dal frigorifero, usa la carta forno con cui era arrotolato. Spalma 70 g di formaggio fresco spalmabile, usa un cucchiaio piegato sarà ancora più facile distribuire il formaggio in modo omogeneo.
2. Sistema il secondo rotolo di pasta sfoglia in modo che combacino perfettamente e fallo aderire bene.
3. Fai 11 tagli per la lunghezza arrivando fino in fondo alle due sfoglie sovrapposte.
4. Fai 7 tagli per la larghezza procedendo allo stesso modo.
5. Con i rebbi della forchetta bucherella la pasta sfoglia in modo omogeneo poi spennella con del latte.
6. Usando il mattarello fai un incavo in ogni quadratino, saranno 88 con i tagli che sono stati fatti.
7. In una ciotola condisci 50 g di salsa di pomodoro con un cucchiaino di olio extravergine d'oliva ed un pizzico di origano e distribuiscila sui salatini mosti di pasta sfoglia .
8. Completa con un pezzettino di provola o di oliva.
9. Inforna in forno già caldo a 200°C per un quarto d'ora o fino a dorarli.
10. Quando saranno pronti staccali con delicatezza, si separeranno facilmente poi sistemali in una ciotola per aperitivo oppure su di un tagliere.
11. I Salatini di pasta sfoglia sono pronti...buon appetito!

# 100 salatini in mezz'ora

Piccoli rettangolini grandi quanto bocconcini che mangi uno dopo l'altro fragranti e saporiti e ne prepari 100 in mezz'ora

## Ingredienti

- 2 rotoli di pasta sfoglia rettangolare
- 200 g di Patè di olive
- 100 g di Provola
- 4 cucchiai di salsa di pomodoro
- Origano

1. Srotola la pasta sfoglia e sistemala sopra un piano lasciandola direttamente nella sua carta forno.
2. Spalma 200 g di patè di olive su di una delle due sfoglie e distribuisci la provola frullata.
3. Richiudi con il secondo rotolo di pasta sfoglia e sigilla i bordi schiacciando con le dita poi spennella con la salsa di pomodoro e cospargi con origano.
4. Con la rotella tagliapizza taglia tanti piccoli rettangoli, dovranno essere un centinaio circa.
5. Inforna in forno già caldo a 200°C per 20 minuti e quando sarà ben cotta e dorata in superficie tira fuori e ripassa nuovamente le linee dei tagli che avevi già fatto per staccare i pezzettini di salatini.
6. I salatini di pasta sfoglia sono pronti...buon appetito!!!

### I miei consigli

Prepara i salatini in anticipo e conservali in un sacchetto di carta poi scaldali pochi minuti quando devi portarli in tavola.

10 Minuti

20 Minuti

100 salatini

# Girelle spinaci e ricotta

Sfiziose girelle che puoi personalizzare anche con verdurine miste al posto degli spinaci e soprattutto puoi prepararle e congelarle pronte da mettere in forno per poi servirle calde calde.

## Ingredienti

- 1 rotolo di pasta sfoglia rettangolare
- 200 g di spinaci cotti
- 100 g di ricotta
- 50 g di formaggio grattugiato
- 1 tuorlo d'uovo

1. Prepariamo le girelle di sfoglia spinaci e ricotta partendo dalla farcitura: metti in una ciotola gli spinaci già cotti e strizzati per bene, con coltello e forchetta tagliuzzali un pò.
2. Aggiungi la ricotta ed il formaggio, regola di sale e mescola per bene in modo da amalgamare gli ingredienti.
3. Prendi la sfoglia rettangolare e stendila sopra un piano da lavoro, spalmaci sopra la farcia alla ricotta ed arrotola a salsicciotto dal lato largo.
4. Taglia 20 girelle e spostale sopra una teglia foderata con carta forno, spennella con il tuorlo d'uovo sbattuto.
5. Cuoci in forno già caldo a 200 °C per 15-20 minuti fino a dorarne la superficie, il tempo di cottura fino a dorarle...buon appetito!!!

10 Minuti

20 Minuti

20 girelle

### I miei consigli

Puoi preparare le girelle di sfoglia spinaci e ricotta e congelarle prima della cottura.

Quando ti servono basta metterle ancora congelate direttamente in forno aumentando il tempo di cottura di 5 minuti.

# Pizzette di sfoglia

Bastano 5 minuti e sono in forno, facili facili da fare e sempre le prime a finire quando le porti in tavola.

## Ingredienti

- 1 rotolo di Pasta Sfoglia
- 5 cucchiai di salsa di pomodoro
- 20 g di Provola
- olive
- tonno
- Origano
- 1 tuorlo d'uovo

1. Stendi un rotolo di pasta sfoglia, rettangolare o quadrato non importa.
2. Ricava 25 tondini con un coppapasta o anche con un bicchiere. Sistemali sopra un foglio di carta forno e mettili in una teglia, bucherella con una forchetta e spennella con il tuorlo d'uovo.
3. In una ciotolina condisci la salsa di pomodoro con un filo di olio extravergine d'oliva, un pizzico di origano e sale. Versa un cucchiaino di salsa sopra ogni dischetto di sfoglia.
4. Distribuisci anche la provola a cubetti e poi tonno ed olive a piacere.
5. Inforna per 15 minuti in forno già caldo a 200 °C.
6. Le pizzette di sfoglia sono pronte...buon appetito!!!

### I miei consigli

Usa una salsa di pomodoro densa che non tolga acqua per una cottura perfetta della sfoglia

5 Minutes

15 Minutes

25 pizzette

# Cornetti salati alla carne

Una ricetta veloce e semplice che rende speciale l'antipasto ma anche un buffet salato o l'apericena.
Il ripieno è ancora più gustoso con il cuore filante di provola

## Ingredienti

- 1 Rotolo di pasta sfoglia rettangolare
- 250 g di Carne macinata di vitello
- 2 cucchiai di Grana Padano grattugiato
- 2 cucchiai di Pangrattato
- 1 cucchiaio di Prezzemolo
- 1 pizzico di Sale
- 8 fettine di Speck
- 16 dadini di Provola
- 1 Tuorlo d'uovo

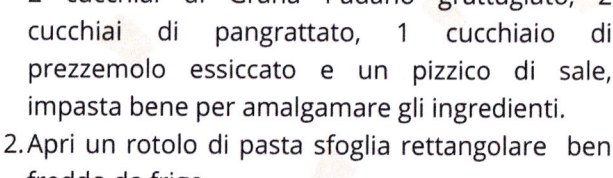

15 Minuti

15 Minuti

16 cornetti

1. Metti in una ciotola 250 g di carne di vitello trita, 2 cucchiai di Grana Padano grattugiato, 2 cucchiai di pangrattato, 1 cucchiaio di prezzemolo essiccato e un pizzico di sale, impasta bene per amalgamare gli ingredienti.
2. Apri un rotolo di pasta sfoglia rettangolare ben freddo da frigo.
3. Con il coltello dividilo a metà per la larghezza poi in tre parti uguali per l'altezza.
4. Ritaglia due V nella parte superiore e due V capovolte nella parte inferiore per ottenere 16 cornetti.
5. Distribuisci uniformemente l'impasto a base di carne macinata sulla pasta sfoglia.
6. Dividi a metà le otto fettine di speck, distribuiscile sulla pasta sfoglia posizionandole alla base di ogni triangolo che hai formato prima ritagliando i 16 croissant di carne.
7. Poggia sopra ogni fettina di speck, un dadino di provola
8. Arrotola i cornetti partendo dalla base verso la punta per dare proprio la forma dei croissant salati.
9. Sistema i cornetti salati in una teglia foderata con carta forno, spennella con del tuorlo d'uovo e cuoci a 200°C nella parte intermedia del forno già caldo per 15 minuti o fino a dorarli in superficie.
10. I croissant di carne sono pronti...buon appetito!!!

# Quadratini di sfoglia mille gusti

La ricetta velocissima per preparare tanti deliziosi quadratini di pasta sfoglia di vari gusti.

## Ingredienti

- 2 rotoli di pasta sfoglia rettangolare
- 120 g di formaggio fresco spalmabile
- 25 g di cipolla
- 50 g di olive denocciolate
- 20 g di patè di olive
- 30 g di brie
- 1 tuorlo

10 Minuti

20 Minuti

49 cornetti

1. Srotola un rotolo di pasta sfoglia e sistemala con la sua carta forno direttamente sulla teglia con cui infornerai. Spalma uniformemente 120 g di formaggio fresco spalmabile.
2. Srotola la seconda pasta sfoglia e sistemala sopra la prima facendola combaciare perfettamente.
3. Taglia con un coltello ricavando sette strisce per il lato lungo e sette strisce per il lato corto, otterrai 49 quadratini di pasta sfoglia.
4. Fai i tagli usando la rotella tagliapasta oppure un coltellino ben affilato e tenendo la sfoglia con le mani per non far spostare i quadratini.
5. Con il fondo di un bicchierino oppure con la punta del matterello fai in ogni quadratino un incavo in cui metteremo il ripieno.
6. Bucherella la sfoglia usando i rebbi della forchetta e spennella poi con tuorlo d'uovo.
7. Sistema adesso il ripieno mettendo per ogni striscia un ingrediente, olive, cipolla tagliata finemente, Brie a pezzettini, patè di olive.
8. Completa con una spolverata di origano ed informa a 180 °C per 15-20 minuti
9. Quando le sfogliette saranno ben dorate sforna e lascia raffreddare poi stacca i pezzettini.
10. I quadratini di pasta sfoglia sono pronti...buon appetito!!!

# Ciambella ricotta e prosciutto

Ricotta e prosciutto per realizzare questa coreografica ciambella di pasta sfoglia che diventerà un piatto forte anche a casa tua.

## Ingredienti

- 1 rotolo di pasta sfoglia di rotonda
- 100 g prosciutto cotto
- 200 g di crescenza
- 250 g di ricotta
- 1 tuorlo
- 2 cucchiai di semini misti
- 

5 Minuti

25 Minuti

8 porzioni

1. Per prima cosa cosa metti a sgocciolare bene la ricotta in modo tale che perda tutta la sua acqua in eccesso.
2. Srotola la pasta sfoglia appena presa dal frigorifero quindi ben fredda e con l'aiuto di un bicchiere fai un cerchio al centro e ritaglia questa parte centrale poi eliminala.
3. Con l'aiuto di un cucchiaio spalma 200 g di crescenza, sulla crescenza poggia 100 g di prosciutto cotto affettato.
4. Schiaccia la ricotta e falla cadere sopra il prosciutto cotto poi ripiega la pasta sfoglia dall'esterno verso il centro schiacciando lungo la parte centrale che avevamo tagliato in modo da sigillarla e creare la forma di una ciambella.
5. Spennellare tutta la sfoglia con un tuorlo d'uovo e distribuisci i semini misti per decorarla poi con l'aiuto di un paio di forbici fai dei tagli nella parte alta lungo tutta la ciambella di sfoglia.
6. Inforna a 200 °C per una ventina di minuti o fino a renderla ben dorata e cotta.
7. Quando la pasta sfoglia sarà diventata dorata e croccante allora sarà pronta.
8. La sfoglia ricotta e prosciutto è pronta da portare in tavola, ottima sia calda appena sfornata che fredda...Buon appetito!!!

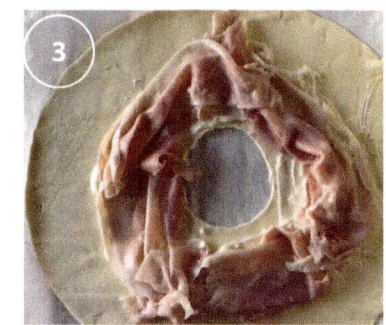

a tavola con Cinzia

# Grissini al prosciutto crudo

Gustosi e belli da vedere sono ideali come antipasto, da soli o per completare un tagliere di salumi e formaggi.

## Ingredienti

- 1 Rotolo di pasta sfoglia rettangolare
- 5 Fettine di speck
- 4 cucchiai di Grana padano grattugiato
- 1 Tuorlo d'uovo

10 Minuti

15 Minuti

9 grissini

1. Distendi un rotolo di pasta sfoglia rettangolare appena preso dal frigorifero.
2. Ritaglia 9 strisce con un coltello a lama liscia o con la rotella taglia pasta.
3. Taglia le fettine di speck, devono essere lunghe metà della striscia di pasta sfoglia quindi ne dovrai avere in totale 9, ne userai una per ogni grissino e sistemale sulla pasta sfoglia.
4. Distribuisci un pò di Grana Padano grattugiato sulle fettine di speck.
5. Ripiega la pasta sfoglia libera dalla farcitura sulla parte in cui hai messo lo speck ed il Grana Padano poi attorciglia con le mani arrotolando ogni grissino nei due sensi inversi per ottenere una spirale
6. Sistema la pasta sfoglia arrotolata su di una teglia foderata con carta forno e spennella in superficie con del tuorlo d'uovo sbattuto.
7. Cuoci in forno gia caldo a 200°C per 15 minuti o fino a renderli ben dorati e fragranti.
8. I grissini sfiziosi sono pronti, ottimi sia caldi appena sfornati che freddi...buon appetito!!!

### I miei consigli

Puoi sostituire il prosciutto crudo con speck, cotto o mortadella e dopo aver spennellato con il tuorlo cospargere con semi di sesamo.

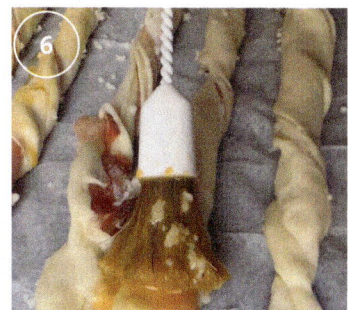

# Bocconcini tondi veloci

Antipastino dell'ultimo istante? Basta un rotolo di pasta sfoglia, due fette di prosciutto ed un pò di formaggio per fare degli antipasti fragranti e buonissimi davvero con poco sforzo e poi via in forno.

## Ingredienti

- 1 rotolo di pasta sfoglia rettangolare
- 2 fette di Prosciutto cotto
- 40 g di cheddar o altro formaggio filante
- 1 tuorlo d'uovo

1. Apri la pasta sfoglia e ricava 12 cerchi di uguale dimensione con un coppapasta oppure con un bicchiere.
2. Sistema sopra 6 cerchi il prosciutto ed il formaggio poi richiudi con gli altri cerchi vuoti allargandoli con delicatezza ai bordi.
3. Rigira i bordi per sigillare bene e sistema le sfogliette salate su di una teglia foderata con carta forno, spennella con il tuorlo di un'uovo e fai dei buchetti in superficie con la forchetta.
4. Inforna in forno già caldo a 200 °C per 10 minuti poi servi le sfoglie salate ancora calde e filanti... buon appetito!!!

5 Minuti

10 Minuti

6 sfogliette

# Rotolo al purè

Cosa c'è di più buono di un rotolo rustico con purè farcito anche con speck e provola? Un guscio croccante di pasta sfoglia racchiude il suo cuore morbido e filante

## Ingredienti

- 1 rotolo di pasta sfoglia
- 200 g di Provola (tritata)
- 100 g di speck
- 350 g di purè (già pronto)

10 Minuti

25 Minuti

6 porzioni

1. Per preparare il rotolo rustico di patate stendi la pasta sfoglia sopra un foglio di carta forno.
2. Sistema le fettine di speck in modo da rivestirlo tutto lasciando libero solo un piccolo lembo che userai poi per chiudere il rustico poi spalma il purè sullo speck.
3. Sopra il purè distribuisci la provola grattugiata in modo uniforme.
4. Avvolgi il rotolo partendo dal lato corto ed aiutandoti con la carta forno in modo da non far fuoriuscire la farcitura crea una sfoglia ben stretta.
5. Richiudi anche i bordi esterni e gira la parte della chiusura che dovrà rimanere sotto durante la fase di cottura.
6. Spennella con del tuorlo d'uovo o con del latte in superficie ed inforna a 180 °C per 20 minuti.
7. Lascia riposare il rotolo rustico di patate qualche minuto prima di tagliarlo in modo tale che si possa rassodare...buon appetito!!!

**I miei consigli**

Usa il purè già freddo quando lo metti nella farcitura.

# Sfoglia arrotolata alla ricotta e zucchine

Scopri tutta la semplicità di questa ricetta, una ciambella di sfoglia con un gustoso ripieno alla ricotta e zucchine perfetta da servire a fette come antipasto

## Ingredienti

- 1 rotolo di pasta sfoglia rettangolare
- 350 g di Zucchine
- 100 g di Pancetta affumicata
- 100 g di Ricotta
- 1 cucchiaio di formaggio pecorino
- pepe nero

20 Minuti

20 Minuti

10 fettine

1. Lava le zucchine e taglia le due punte poi affettale a rondelle sottili.
2. Scalda in una padella 3 cucchiai di olio extravergine d'oliva con 100 g di pancetta affumicata a dadini ed 1 aglio per 5 minuti poi togli l'aglio e versa le zucchine.
3. Cuoci 5 minuti a fiamma vivace, regola di sale se necessario e spegni. Sposta le zucchine con la pancetta in una ciotola e lasciale raffreddare.
4. Versa nella ciotola 100 g di ricotta, un pizzico di pepe nero ed 1 cucchiaio abbondante di formaggio pecorino grattugiato, mescola.
5. Srotola la pasta sfoglia e metti l'impasto da un lato, arrotola per 1/3 mentre la restante parte tagliala a strisce.
6. Ripiega le strisce sulla parte arrotolata e gira la sfoglia a ciambella, mettila a riposare in congelatore per 15 minuti poi spennella con il tuorlo di 1 uovo o con del latte. In questo modo verrà fragrante dopo la cottura in forno per lo shock termico.
7. Trascorso il tempo inforna a 200 °C per 15 minuti o fino a dorare la superficie.
8. La sfoglia arrotolata ricotta e zucchine è pronta... buon appetito!!!

# Rotolo con salamino e zucchine

Pochi ingredienti e poca fatica per un risultato dal cuore filante, prova ad offrirlo appena fatto ai tuoi amici anche come aperitivo, torneranno sempre a mangiare a casa tua!

## Ingredienti

- 1 rotolo di pasta sfoglia rettangolare
- 400 g di Zucchine
- 150 g di Provola
- 70 g di salamino
- 20 g di formaggio grattugiato
- 1 Aglio

1. Prendi 400 g di zucchine, lavale e taglia le punte. Affettale e mettile in padella con 1 aglio sbucciato e 4 cucchiai di olio extravergine d'oliva. Lasciale cuocere a fiamma vivace per 5-7 minuti poi aggiungi un pizzico di sale e spegni.
2. Lasciale raffreddare
3. Srotola la pasta sfoglia rettangolare e fai uno strato con 70 g di salamino poi sopra aggiungi le zucchine trifolate, 150 g di provola a fettine e 20 g di formaggio grattugiato.
4. Arrotola la pasta sfoglia e chiudi le estremità pizzicando con le dita.
5. Il rotolo salato va spennellato in superficie con del tuorlo d'uovo sbattuto o del latte, fai dei tagli trasversali ed inforna a 200 °C per 20 minuti.
6. La pasta sfoglia con zucchine è pronta...buon appetito!!!

10 Minuti

20 Minuti

10 fettine

# Cannoli salati alla crema di pistacchio

fragranti cannoli di sfoglia ripieni con una crema di formaggio al pesto di pistacchio e l'antipasto è pronto. Ideali anche come piccoli finger food o per arricchire un aperitivo.

## Ingredienti

- 1 rotolo di pasta sfoglia
- 250 g di formaggio fresco spalmabile
- 40 g di pesto di pistacchi
- 1 tuorlo d'uovo

1. Taglia 15 strisce di pasta sfoglia ed arrotola sui tubetti per cannoli imburrati precedentemente, sovrapponi le strisce di sfoglia.
2. Sistemali sopra una teglia foderata con carta forno, spennella con il tuorlo d'uovo ed inforna a 200 °C per 15 minuti fino a dorarli in superficie. Sforna e lascia raffreddare.
3. Nel frattempo schiaccia con una forchetta 250 formaggio fresco spalmabile ed incorpora 40 g di pesto di pistacchi salato poi metti la crema in un sac a poche.
4. Quando i cannoli si saranno raffreddati togli il tubetto con cui li avevi cotti e riempili con la crema da entrambi i lati, a piacere spolvera con della granella di pistacchio.
5. I cannoli salati ai pistacchi sono pronti...buon appetito!!!

10 Minuti

15 Minuti

15 cannoli

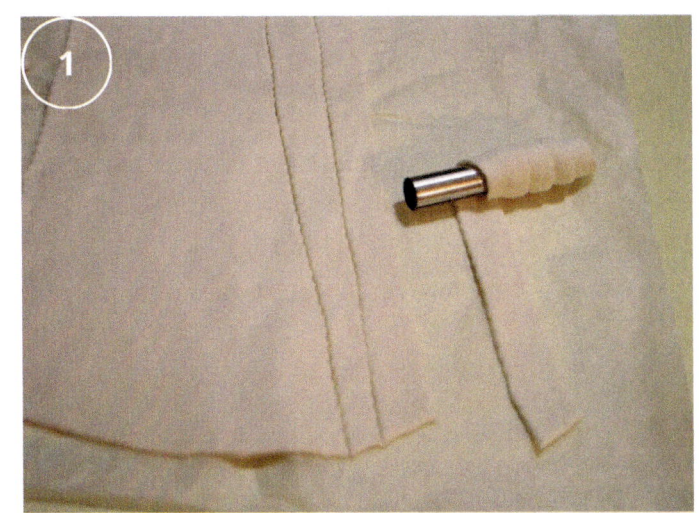

# 100 Salatini veloci al salmone

100 piccoli bocconcini di sfoglia salata al salmone, una delle ricette più famose del web puoi farla a casa tua con solo 3 ingredienti e mezz'ora di tempo

## Ingredienti

- 2 rotoli di Pasta Sfoglia rettangolare
- 200 g di Salmone affumicato
- 100 g di Formaggio fresco spalmabile
- 1 tuorlo

1. Srotola due rotoli di pasta sfoglia rettangolare. con il dorso di un cucchiaio spalma 100 g di formaggio fresco.
2. Taglia a striscioline 200 g di salmone affumicato e distribuiscilo sulla sfoglia.
3. Sistema il secondo foglio di pasta sfoglia sopra il primo, schiaccia il perimetro con le dita per sigillare e con l'aiuto di un coltello fai dei tagli perpendicolari per ricavare i salatini.
4. Spennella con il tuorlo d'uovo e cuoci in forno già caldo a 180°C per 20 minuti o fino a dorarli in superficie.
5. I salatini veloci al salmone sono pronti...buon appetito!!!

10 Minuti

20 Minuti

100 salatini

### I miei consigli

Per un risultato più fragrante dopo avere preparato i salatini mettili a riposare 30 minuti in frigo poi tirali fuori ed inforna direttamente.

Puoi distribuire dopo avere spennellato la superficie dei semini di sesamo o quelli che preferisci.

# Speciale Torte rustiche

## Torte salate con pasta sfoglia

# Parigina di pasta sfoglia

Ami la pizza parigina ma non hai il tempo o la voglia di preparare la base lievitata? Nessun problema c'è la pasta sfoglia che ci viene in aiuto, basta un rotolo ed eccola pronta da infornare in 5 minuti

## Ingredienti

- 1 rotolo Pasta Sfoglia
- 60 g salsa di pomodoro
- 50 g Provola
- 2 fette Prosciutto cotto
- 1 tuorlo d'uovo

1. Stendi il rotolo di pasta sfoglia a metà in una teglia rettangolare lasciando l'altra metà fuori e bucherella la base con la forchetta.
2. Versa nella base la salsa di pomodoro con un filo di olio ed un pizzico di origano.
3. Sulla base sistema 2 fette di prosciutto e 50 g di provola .
4. Richiudi con l'altra metà della pasta sfoglia e ripiega i bordi per non far fuoriuscire il ripieno in cottura. Bucherella con i rebbi di una forchetta e spennella con il tuorlo d'uovo, inforna in forno già caldo a 200 °C per circa 20 minuti.
5. La parigina con pasta sfoglia è pronta quando trascorso il tempo anche la superficie sarà ben dorata.
6. La pizza parigina nella versione con pasta sfoglia è buona sia calda che fredda...buon appetito!!!

5 Minuti

20 Minuti

3 persone

### I miei consigli

Il tempo di cottura può variare in base al proprio forno, sarà pronta quando la vedrete bella alta e dorata in superficie.

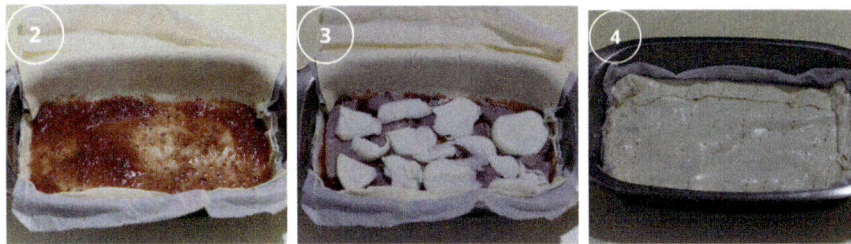

# Pizza rustica zucchine e patate

Verdure a cubetti, scamorza e via in forno con tutti gli ingredienti a crudo senza cuocere niente prima, una torta rustica semplice e gustosa

## Ingredienti

- 1 rotolo di pasta sfoglia rettangolare
- 200 g di zucchine
- 200 g di patate
- 150 g di scamorza
- 150 g di Prosciutto cotto
- 1 uovo
- 30 ml di latte

10 Minuti

20 Minuti

8 fettine

1. Lava le zucchine e spunta le estremità, pela le patate.
2. Taglia le verdure a piccoli cubetti, taglia a cubetti anche il prosciutto e la scamorza.
3. Srotola la pasta sfoglia rettangolare in una teglia da forno e bucherella la base.
4. Distribuisci le zucchine e le patate a cubetti.
5. Sistema anche la scamorza a dadini lasciando liberi i bordi che andranno poi ripiegati.
6. Ripiega i bordi per formare una cornice intorno alla pizza rustica.
7. In un piatto sbatti 1 uovo con 30 ml di latte, un pizzico di sale e due cucchiai di formaggio grattugiato, versa tutto sulle verdure.
8. Cuoci in forno a 200 °C per 20 minuti o fino a dorare bene la superficie e cuocere la sfoglia.
9. La pizza rustica zucchine e patate è pronta, puoi mangiarla sia calda che fredda...buon appetito!!

### I miei consigli
Puoi sostituire la scamorza con della provola.
Al posto delle zucchine puoi usare le carote.

# Pasta sfoglia a fiore

Per fare bella figura a tavola basta poco come un rotolo di pasta sfoglia ripiena da decorare con verdure fresche per dargli la forma di un fiore.

## Ingredienti

- 1 rotolo pasta sfoglia (rotonda)
- 100 g Pesto alla Genovese
- 2 carote
- 3 Patate
- 2 Zucchine
- 100 g pomodorini
- 50 g Provola

20 Minuti

30 Minuti

10 fettine

1. Taglia i pomodorini a dischetti e le verdure a fettine sottilissime con l'aiuto della mandolina o di un pelapatate.
2. Stendi la pasta sfoglia in una teglia rotonda con la carta forno, bucherella il fondo con i rebbi di una forchetta e sistema i pomodorini, condisci con il pesto di basilico.
3. Distribuisci la provola infine inizia a decorare con le verdure a fettine.
4. Fai un giro con ogni verdura alternando zucchine, patate e carote fino ad arrivare al centro della pasta sfoglia ripiena.
5. Condisci con pochissimo olio ed un pizzico di sale poi inforna a 180 °C per 40 minuti avendo cura di coprire con della stagnola se le verdure si dovessero dorare troppo.
6. La pasta sfoglia ripiena è ottima sia calda appena sfornata che fredda...buon appetito!!!

# Girasole di pasta sfoglia

Una torta rustica ideale a forma di girasole come antipasto sfizioso oppure da portare in gita all'aperto, ottimo sia caldo che freddo

## Ingredienti

- 2 rotoli di pasta sfoglia rotonda
- 100 g di salsa di pomodoro
- 100 g di Provola

1. Srotola 2 rotoli di pasta sfoglia rotonda e metti il primo sopra una teglia rotonda, bucherella la superficie con una forchetta.
2. Versa la salsa di pomodoro dopo averla condita con un filo d'olio ed a piacere origano, mettine al centro e poi intorno senza arrivare al bordo.
3. Aggiungi la provola e richiudi con il secondo rotolo di pasta sfoglia, sigilla l'esterno schiacciandolo con le dita.
4. Poggia un bicchiere al centro e taglia le fette partendo proprio dal bicchiere poi girale per far vedere il ripieno
5. Spennella con il tuorlo d'uovo ed inforna a 200°C per 20 minuti o fino a dorarlo in superficie.
6. Servilo caldo appena sfornato oppure freddo, sarà buonissimo lo stesso...buon appetito!!!
7.

5 Minuti

20 Minuti

10 fettine

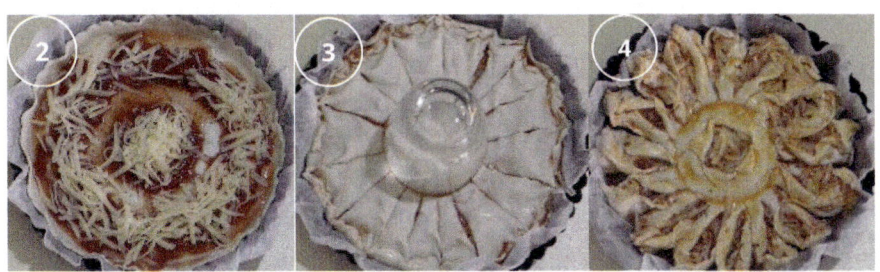

# Torta rustica zucchine e patate

Una torta rustica salata che prepari senza dover ricordare il peso degli ingredienti con la facilissima regola dell'1 perchè tutti pesano 10 o 100g, comodissimo vero?

## Ingredienti

- 1 rotolo di pasta sfoglia rettangolare
- 100 g di carote
- 100 g di patate
- 100 g di zucchine
- 100 g di prosciutto cotto
- 100 g di provola
- 1 uovo
- 10 g di formaggio grattugiato
- 1 pizzico di origano secco

15 Minuti

30 Minuti

10 fettine

1. Prendi carote, patate e zucchine e lavale, poi sbuccia le patate e le carote.
2. Tagliale a piccoli dadini e mettile in una ciotola, condisci con un filo di olio extravergine d'oliva, 1 pizzico di sale ed 1 pizzico di origano, mescola.
3. Fodera uno stampo rettangolare con la pasta sfoglia, io l'ho lasciata direttamente nella sua carta forno, bucherella il fondo con i rebbi della forchetta così sarà più fragrante quando la cuoci e non si inumidisce il fondo della sfoglia.
4. Versa le verdure che avevi condito poi aggiungi il prosciutto e la provola frullate.
5. Sbatti un uovo con un pizzico di sale e 10 g di latte e versali sulle verdure, completa con 10 g di formaggio grattugiato sulle verdure e spennella i bordi della pasta sfoglia con il latte.
6. Inforna per 30 minuti a 180 °C in forno già caldo.
7. La sfoglia zucchine e prosciutto è pronta, puoi mangiarla subito appena fatta oppure aspettare che si raffreddi...buon appetito!!!

# Speciale feste

## Antipasti speciali per le feste

# Antipasto albero di Natale

Nelle feste natalizie vogliamo stupire a tavola con ricette che siano belle oltre che buone come questo antipasto ad albero di Natale

## Ingredienti

- 1 rotolo di pasta sfoglia rettangolare
- 100 g di salamino
- 100 g di provola affettata
- 1 tuorlo per spennellare

1. Apri la pasta sfoglia lasciandola direttamente sul foglio di carta forno con cui era avvolta. Sistema le fettine di salamino.
2. Sopra il salmamino posiziona la provola affettata in modo da ricoprirlo tutto.
3. Arrotola seguendo il lato più lungo per avere più rotelle quando le taglierai.
4. Con un coltello ricava 19 pezzi
5. Formiamo l'albero: sistema le rondelle di sfoglia partendo dalla punta dove ne metterai una, poi subito sotto due , ancora sotto ne metti tre e completi con quattro ed infine cinque.
6. Con le restanti 4 crea il fusto mettendone due sopra e due sotto.
7. Spennella con il tuorlo d'uovo e cuoci in forno già caldo a 180 °C per 20 minuti o fino a dorarlo in superficie.
8. L'antipasto albero di sfoglia è pronto, decora con foglioline di prezzemolo e pomodorini...buon appetito!!!

5 Minuti

20 Minuti

19 girelle

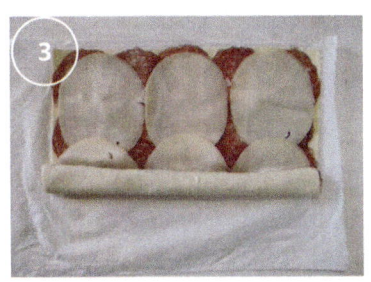

# Fiocco di sfoglia

Un antipasto natalizio che porti in tavola e fai sempre bella figura, un modo sfizioso per proporre il classico piatto con la pasta sfoglia.

## Ingredienti

- 1 sfoglia rettangolare
- 100 g di prosciutto cotto
- 100 g di emmental
- 50 g di formaggio grattugiato
- 1 tuorlo d'uovo
- 

10 Minuti

20 Minuti

9 sfoglie

1. Srotola un rotolo di pasta sfoglia rettangolare ancora freddo dal frigorifero.
2. Sistema sulla sfoglia le fette di prosciutto ricoprendola tutta.
3. Sistema anche l'emmenthal tritato e poi il formaggio grattugiato, richiudi arrotolando dal lato lungo
4. Sigilla bene tutti i bordi e fai un rotolo ben chiuso poi taglia dei cilindri per ottenere 9 pezzi.
5. Prendi ogni pezzo e sigilla bene le parti con la farcitura poi arrotola tra le mani per ottenere 9 palline.
6. Sistemane una al centro poi le altre intorno a creare un fiocco di neve infine spennella con tuorlo d'uovo e completa con semini misti e pepe misto in grani o pepe rosa.
7. Inforna a 180 °C per una ventina di minuti o fino a farlo dorato.
8. La Sfoglia natalizia fiocco di neve è pronta…buon appetito!!!

### I miei consigli

Sostituisci la farcitura con quello che più ti piace, pesto e gamberetti oppure salmone e formaggio fresco spalmabile oppure ancora mortadella e ricotta.

Puoi fare la forma di una ghirlanda oppure di un albero di natale

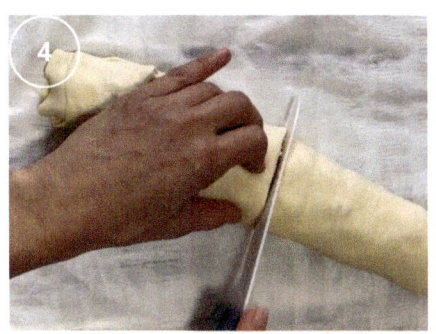
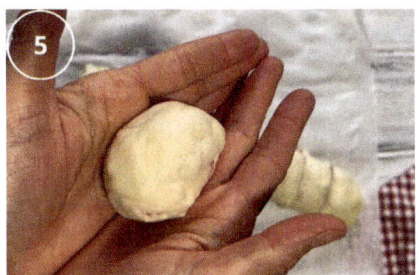

# Alberelli salati

L'albero di Natale di pasta sfoglia è un antipasto semplicissimo che fa figura con poca spesa perchè basta un rotolo di pasta sfoglia, del salamino e provola ed il gioco è fatto.

## Ingredienti

- 1 rotolo di Pasta Sfoglia
- 80 g di salamino dolce
- 40 g di Provola
- 1 tuorlo d'uovo
- 12 stecchi per spiedini

1. Srotola la pasta sfoglia e ricava 12 strisce delle stesse dimensioni.
2. Allungale tirandole con delicatezza fino quasi a raddoppiarle in lunghezza e sistema sopra del salamino tagliato a striscioline della stessa larghezza ed un pò di provola arrivando a metà della striscia di pasta sfoglia. Ripiega sopra la metà che è rimasta libera dalla farcitura.
3. Fai delle pieghe sempre più strette fino ad arrivare alla punta per ottenere la forma dell'alberello poi infilza l'albero di Natale di pasta sfoglia con uno stecco per spiedini e sistemalo sulla placca del forno foderata con carta forno.
4. Spennella con il tuorlo d'uovo e cuoci in forno già caldo a 200 °C per circa 10 minuti o fino a dorarli in superficie.

5 Minuti

15 Minuti

12 alberelli

### I miei consigli

Se non trovi la pasta sfoglia rettangolare va bene anche quella rotonda, verranno fuori degli alberelli di dimensioni diverse, idea carina vero?

A piacere si può sostituire il salamino con del prosciutto o dello speck oppure del pesto di basilico.

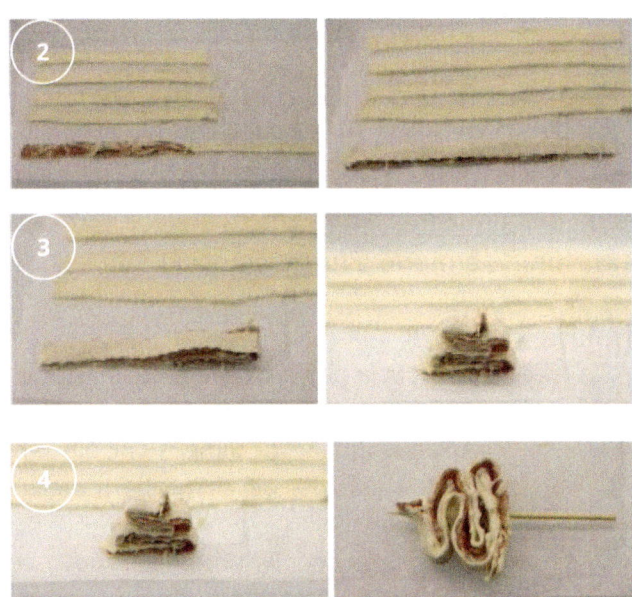

# Vol au vent a stellina

I famosi e semplici antipasti che si mangiano in un boccone solo. Piccoli cestini di pasta sfoglia a forma di stellina farciti come più ci piace dalla crema al salmone e formaggio alla mousse di mortadella

## Ingredienti

- 1 rotolo di pasta sfoglia
- 100 g salmone affumicato
- 100 g philadelphia
- 3-4 cucchiai di latte
- timo fresco
- Formine per biscotti di dimensioni diverse oppure bicchieri

10 Minuti

10 Minuti

12 vol au vent

1. Srotola la pasta sfoglia e ritaglia con lo stampino per biscotti più grande 12 pezzi
2. Usando quello di dimensioni più piccole ricava nella metà dei pezzi che hai ritagliato, un foro centrale.
3. Spennella con il tuorlo dell' uovo tutti i pezzi ricavati e sistema i più piccoli sopra quelli più grandi, bucherella la base dei vol au vent ed inforna a 180 °C per 10 minuti poi lasciali raffreddare.
4. Nel frattempo prepara la farcitura: frulla 100 g di salmone ed incorporalo a 100 g di philadelphia ammorbidendo con 3-4 cucchiai di latte
5. mescola bene con la frusta, ne deve risultare una crema morbida.
6. Con l'aiuto del sac a poche farcisci i vol au vent al salmone e decora con i ritagli rimasti...buon appetito!!!

# Colomba salata zucchine e salamino

Un'antipasto veloce, facile e buono per stupire tutti a Pasqua se hai uno stampo per colomba allora l'effetto scenico è assicurato altrimenti puoi usare degli stampi per torta o metterli nei pirottini per muffin sarà altrettanto bello

## Ingredienti

- 1 rotolo di Pasta Sfoglia
- 30 g di Provola
- 50 g di salamino
- 1 zucchina

1. Srotola la pasta sfoglia e taglia delle strisce di uguale dimensione.
2. Taglia la zucchina a fettine molto sottili, la provola a fettine anche molto sottili e dividi in due le fettine di salamino.
3. Sopra ogni striscia di pasta sfoglia adagia uno strato di zucchine, uno strato di salamino, uno di provola ed arrotola a formare una rosellina farcita come vedi nel video.
4. Sistema le roselline di pasta sfoglia in uno stampo per colomba in modo che siano tutte una vicino all'altra. Spennella con del tuorlo d'uovo.
5. Inforna a 200 °C per 15 o fino a dorarle in superficie.
6. La colomba salata di pasta sfoglia con zucchine e salamino è pronta, l'antipasto di Pasqua è servito...buone feste!!!

5 Minuti

15 Minuti

8 girelle

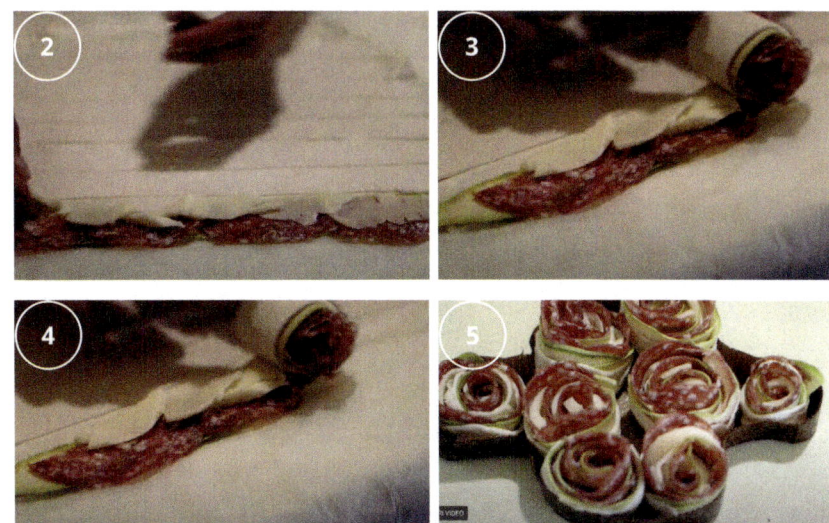

# Speciale dolci

## Ricette dolci veloci e facili per tutti i giorni

# Treccia di pasta sfoglia con nutella

La voglia di dolce ti assale ma vuoi qualcosa che sia pronto subito e goloso come pochi?
Prendi un rotolo di pasta sfoglia, nutella e noci ed il gioco è fatto

## Ingredienti

- 1 rotolo di pasta sfoglia rettangolare
- 5 cucchiai di Nutella
- 10 g di granella di noci o nocciole
- 1 tuorlo d'uovo

1. Prendi una sfoglia rettangolare ed aprila su di un piano da lavoro lasciandola sulla carta forno in cui è arrotolata.
2. Spalma al centro 5 cucchiai di nutella formando un rettangolo e lasciando i bordi liberi.
3. Taglia 9 strisce dai lati che andranno poi a formare la treccia.
4. Richiudi i margini esterni e poi inizia ad incrociare le parti laterali che avevi tagliato proprio a formare un'intreccio.
5. Spennella con il tuorlo d'uovo e cospargi con la granella di noci o di nocciole.
6. Inforna a 200 °C per 15 minuti.
7. Cospargi a piacere con abbondante zucchero a velo...buon dessert!!!

5 Minuti

15 Minuti

6 fette

### I miei consigli

Prepara la treccia e lasciala pronta da infornare, conservala in frigorifero e mettila in forno 15 minuti prima di servirla prendendola direttamente dal frigo, comodo vero?

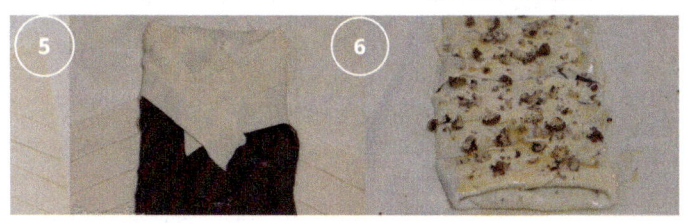

# Sfogliatine glassate

La ricetta per preparare a casa tua le sfogliatine con un trucchetto per averle alte e fragranti, buone come quelle della tua pasticceria, ancora più buone di quelle che compri a supermercato.

## Ingredienti

- 1 rotolo di pasta sfoglia rettangolare
- 1 albume
- 8 cucchia di zucchero a velo
- marmellata di albicocche

15 Minuti

10 Minuti

27 sfogliatine

1. Per prima cosa prepariamo la glassa semplice: versa 1 albume, aggiungi 8 cucchiai di zucchero a velo e sbatti con una frusta per amalgamare gli ingredienti.
2. Prendi un rotolo di pasta sfoglia ed allargalo, ricava con la rotella tagliapasta 27 strisce.
3. Sistemale su di un foglio di carta forno poco distanziate tra loro perchè in cottura cresceranno e mettile a riposare in frigo per 30 minuti per fare ben raffreddare la sfoglia. Questo è il trucchetto che ti farà avere delle sfogliatine glassate alte e fragranti.
4. Trascorsa la mezz'ora di riposo in frigo con l'aiuto di un cucchiaino distribuisci la glassa sulle sfogliette.
5. Metti la marmellata nel sac a poche e fai delle X decorative, le classiche decorazioni delle sfogliatine che compri già pronte.
6. Puoi anche fare due zigzag che si incrociano
7. Cuoci in forno già caldo a 200° per 10 minuti o finché diventeranno belle alte e dorate in superficie.
8. Le Sfogliatine glassate sono pronte, lasciale raffreddare poi cospargi con zucchero a velo... buon dolcino!!!

### I miei consigli

Puoi anche infornare direttamente senza il riposo in frigo se la tua pasta sfoglia è già ben fredda.
Conserva in un contenitore chiuso ermeticamente, così potrai mantenere la fragranza

# Cornetti veloci senza impasto

Cornetti flash con nutella e crema di mandorle che non hanno bisogno di lievitazione perchè fatti con la pasta sfoglia, un trucchetto semplice per avere questi golosi dolci in pochi minuti

## Ingredienti

- 1 rotolo di Pasta Sfoglia
- Nutella
- crema di mandorle
- Granella di nocciole
- Zucchero di canna

1. Stendi la pasta sfoglia e con una rotella ricava i triangoli come in foto, poi aggiungi un cucchiaio di crema di mandorle ed uno di nutella.
2. Arrotola i cornetti partendo dalla parte più larga, tira le punte e dagli la tipica forma curva.
3. Sistemali sopra una teglia foderata con carta forno, spennella con il tuorlo d'uovo e poi spargi lo zucchero di canna e la granella di mandorle.
4. Inforna i croissant fatti in casa a 200 °C per 15 minuti o fino a che li vedrai ben dorati in superficie.
5. I cornetti ricetta veloce senza impasto sono pronti, cospargi con zucchero a velo a piacere... buon dolcino!!!

5 Minuti

**I miei consigli**

Questa ricetta si presta bene a tutte le farciture come ad esempio marmellata o crema.

15 Minuti

16 cornettini

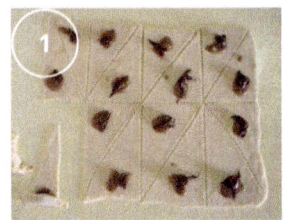  

# Sfogliatine crema e mele

Entrando nei bar la mattina vi sarà capitato di vedere le sfogliatine crema e mele vicino ai cornetti, magari con cannella. Prepararle in casa è facile e veloce

## Ingredienti

- 1 rotolo di pasta sfoglia
- 130 g di crema pasticcera al limone
- 1/2 mela
- cannella
- latte per spennellare
- zucchero a velo

1. Stendi la pasta sfoglia e ricava 12 quadrati, bucherella la superficie con i rebbi di una forchetta e spennella con del latte.
2. Versa 1 cucchiaio di crema pasticcera al limone al centro di ogni quadrato di sfoglia senza arrivare ai bordi.
3. Sovrapponi i due quadrati schiacciando leggermente i bordi e sistema sopra ciascuno due o tre fettine sottili di mela.
4. Spolverizza con un pizzico di cannella e dello zucchero a velo ed inforna a 180 °C per 15 minuti o fino a dorarli in superficie.
5. Le sfogliatine crema e mele sono pronte, buone da mangiare ancora calde ma anche fredde ... buona colazione!!!
6.

10 Minuti

15 Minuti

6 sfogliatine

### I miei consigli

Con i ritagli di pasta sfoglia si possono ottenere dei dolcini sfiziosi, basta metterli in teglia con le sfogliatine, spolverizzarli con dello zucchero a velo ed infornarli fino a doratura insieme alle sfogliatine

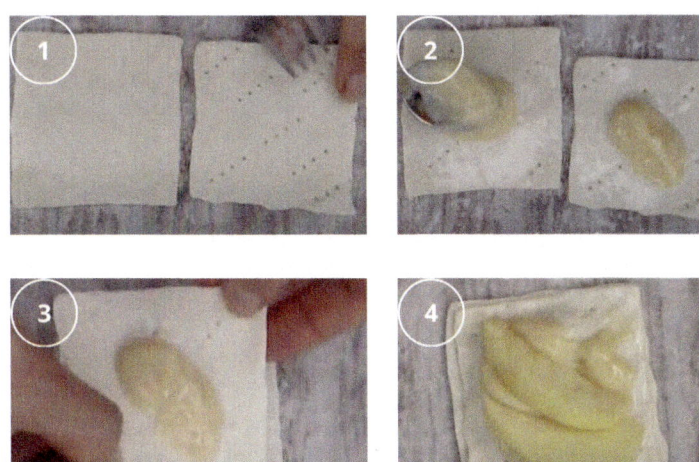

# Dolcetti ricotta e cioccolato

Ricotta, gocce di cioccolato e buccia d'arancia per dare quel profumo in più ed ecco pronta la colazione giusta per coccolarsi a letto appena svegli o per merenda

## Ingredienti

- 1 rotolo di pasta sfoglia rettangolare
- 250 g di Ricotta
- 80 g di Zucchero
- 50 g di Gocce di cioccolato
- Scorza di mezza arancia
- 1 tuorlo

15 Minuti

15 Minuti

8 dolcetti

1. In una ciotola metti 250 g di ricotta ben sgocciolata ed 80 g di zucchero e lavora con la forchetta fino a farla diventare una crema.
2. Versa 50 g di gocce di cioccolato, la buccia grattugiata di mezza arancia e mescola per rendere omogenei gli ingredienti.
3. Stendi un rotolo di pasta sfoglia rettangolare e ricava 8 quadrati, distribuisci il ripieno e richiudili a triangolo poi con l'aiuto di una forchetta sigillali come vedi in video.
4. Spennella la superficie con del tuorlo d'uovo e lascia le sfogliatine dolci a riposare in congelatore per 15 minuti, nel frattempo accendi il forno a 180°C.
5. Quando il forno avrà raggiunto la temperatura tira fuori le sfogliatine dal congelatore ed infornale direttamente per 15 minuti.
6. Le sfogliatine dolci sono ottime appena sfornate cosparse con dello zucchero a velo o fredde... buon dolcino!!

### I miei consigli

Se la pasta sfoglia è già ben fredda puoi infornare direttamente senza il passaggio in congelatore.

# Ringraziamenti

Sono tante le cose che vorrei dire per ringraziare e sono tante le persone che voglio ringraziare perchè sono fortunata ad avere intorno a me tanti affetti che mi sostengono.
Prima di tutto grazie alla mia famiglia per l'amore che mi da e perchè riescono a mangiare tutto quello che cucino comprese le cose che riescono meno bene.

Al mio papà ed alla mia mamma che non ci sono più ma sono lo stesso quì con me nella vita di ogni giorno ed in ogni mio pensiero.

Grazie a Pino e Martina e Giorgia, mio marito e compagno di vita e le nostre meravigliose figlia e nipote.
Grazie ai miei fratelli Bruno ed Alessandro ed a mia sorella Mary non potrei avere dei fratelli migliori nella vita.
Grazie alle mie amiche e colleghe Gessica e Vanessa che mi spronano a concretizzare tutti i miei progetti, e sono tanti quanto le mie idee, portandomi con i piedi per terra ed a Stephanie per i suoi consigli su luci e foto.

Grazie a chi, anche solo con una parola, mi dimostra affetto e stima per il mio lavoro ogni giorno, le mie zie Rosella e Franca, mia cugina Raffaella e tutti gli altri della 'razza 190' le mie amiche di sempre Alba e Miriam, Carmela, Mimma ed i nostri caffè della mattina e tutti quelli che non ho citato ma sono sempre nel mio cuore

# Indice delle ricette

| | |
|---|---|
| Pasta sfoglia fatta in casa | 12 |
| Come cuocere la pasta sfoglia | 16 |
| Come tagliare la sfoglia rettangolare per ottenere i cornetti perfetti | 18 |
| Cosa fare con i ritagli e le rimanenze di pasta sfoglia | 20 |
| Bauletti al pomodoro e pesto | 24 |
| Grissini di sfoglia | 26 |
| Quadratini di pasta sfoglia | 28 |
| Rose salate | 30 |
| Sfogliette spinaci e besciamella | 32 |
| Rustici leccesi | 34 |
| Salatini di pasta sfoglia | 36 |
| 100 salatini in mezz'ora | 38 |
| Girelle spinaci ricotta | 40 |
| Pizzette di sfoglia | 42 |
| Cornetti salati alla carne | 44 |
| Quadratini di sfoglia 1000 gusti | 46 |
| Ciambella ricotta e prosciutto | 48 |
| Grissini al prosciutto crudo | 50 |
| Bocconcini tondi veloci | 52 |
| Rotolo al purè | 54 |
| Sfoglia arrotolata alla ricotta e zucchine | 56 |
| Rotolo con salamino e zucchine | 58 |
| Cannoli salati alla crema di pistacchi | 60 |

| | |
|---|---:|
| 100 salatini veloci al salmone | 62 |
| Parigina di pasta sfoglia | 66 |
| Pizza rustica zucchine patate | 68 |
| Pasta sfoglia a fiore | 70 |
| Girasole di pasta sfoglia | 72 |
| Torta rustica zucchine patate | 74 |
| Antipasto albero di Natale | 78 |
| Fiocco di sfoglia | 80 |
| Alberelli salati | 82 |
| Vol au vent a stellina | 84 |
| Colomba salata zucchine salamino | 86 |
| Treccia di pasta sfoglia con Nutella | 90 |
| Sfogliatina glassate | 92 |
| Cornetti veloci senza impasto | 94 |
| Sfogliatina crema e mele | 96 |
| Dolcetti ricotta e cioccolato | 98 |

# Le mie ricette

# Le mie ricette

# Le mie ricette

# Le mie ricette

# Le mie ricette

# Le mie ricette

Printed in Dunstable, United Kingdom